# Alla Våra Solar

Paul Wahlström

FSC
www.fsc.org
MIX
Papper från
ansvarsfulla källor
Paper from
responsible sources
FSC® C105338

Paul Wahlström 2021
Förlag: BoD - Books on Demand, Stockholm, Sverige
Tryck: BoD - Books on Demand, Norderstedt, Tyskland
ISBN: 9789180077217

Vi vill inte vara sorgsna

Det är för enkelt

Det är för dumt

Det är för bekvämt

Man har alltför ofta orsak till det

Det är inte smart

Alla är sorgsna

Vi vill inte längre vara sorgsna

...

Blaise Cendrars

I

Vi ligger bredvid varandra i sängen som nyfödda djur i gräset, ångande som innanmäten.

Ångan är vingar som inte längre får fäste. Först prövar vi att rubba världen, sedan att lyfta en arm…

Ditt hår vispar mot kudden när du vänder dig om för att se på mig.

Jag vaknar ännu, en del av mig är fortfarande ingenstans, det är ett skapelseögonblick.

Var du än rör vid mig är där jag börjar.

II

Ljuset får oss att glömma sin frånvaro, en kyss väger upp en natt av oro.

Du böjer dig över mig som slöjan av blått mellan oss och det stora mörkret.

Hur kan du så lätt, så otvunget, ta oändlighetens plats?

III

Du samlar mig med fingrarna för att dra mig till dig, men håller emot med båda händerna när jag lutar mig fram,

som ett sätt att brista lite under mig när du försvinner i min famn, som en vattendroppe spricker sig in i en blomma, som en dallrande vattendroppe plötsligt rinner.

När du tisslar om allt som vaknar omkring oss vänder du dig mot mitt ansikte.

När du beskriver mitt ansikte ser du på min mun, när du söker min mun börjar du vid min hals.

Och på dina läppar samma fråga: ”var på din hud är närmast dig?”

IV

Livet börjar nu.

Jag vänder mig från ingenting och kysser din kind. Jag kysser din näsvinge och frågar: "minns du när jag kysste din kind?".

Sedan kysser jag din mun och frågar: "minns du när jag kysste din näsa?"

Men då jag fortfarande har mina läppar mot dina blir orden sluddriga.

Och förresten är du redan så långt borta. Så nära mig nu, att du slutat lyssna...

V

Du sträcker ut dig i sängen.

Höften och revbenen buktar fram i ditt kött som ett rundslickat rev just under vattenytan.

En våg bär mig över till din mages lagun, ditt långsamt hävande lugn.

Därifrån ser jag allt som finns att se:

rullningen bakom ögonlocken, tungan som rör sig i din stängda mun, skymten av dig,

ljuset genom glipan i gardinen.

VI

Efträt lyfter jag mig på armbågen och tittar på dig.

Blicken söker sig ut mellan två hårslingor, mellan dina fingrar, mellan din arm och inbuktningen vid höften och den varma porten mellan ben och ben.

Nära dig letar jag oupphörligt efter utgångar, utan att kunna slita mig från flykten!

VII

Jag ser dig famla i de tunga gardinerna, lyfta dem som moderskjolar,

hur du famnar dem mer än letar dig ut och samlar det mjuka intill dig som en kokong av linne och varma utandningar, innan du motvilligt släpper in solen i rummet.

Svärtan bakom ögonlocken blir rosa.

Du trycker blundande dina läppar mot mina innan du går före genom glasdörrarna, som om du tog sats mot mig ut i solljuset!

VIII

Vi kisar blint medan våra nymornade mörka röster långsamt ljusnar.

Vi rör oss bort medan vi pratar om solen och gräset. Vi återfinner varann genom att tala om allt annat.

Med den sista sovrumsluften i våra lungor håller vi ordet grön svävande mellan oss.

Vi pratar om solen och gräset. Och molnen. För det händer att vi tar miste när vi talar om oss själva.

Men när vi talar om molnen visar vi oss som vi är. Rakaste vägen till oss är en omväg, via himlen!

IX

Du rör vid mig så jag ska se något, en hare eller en humla.

Du vänder dig mot ljuden medan din hand på min hud smeker djuren som flyr,

en beröring som får mig att häpna över helt vanliga saker, som att ljuset har tid att sova på fallande ting,

eller att vissa ögonblick kan gå över i nästa utan att snudda vid himlens ändar!

Denna förmåga du har att få ögonblicken att vara, och av något som faller göra något som dalar.

X

Våra fotspår i gräset syns inte, med tiden bildas linjer men inga spår.

Vi följer linjerna, vi litar på dem som om vi kände människorna som gjort dem – tillitens slingrande linjer i gräset.

Du går före så att jag ska se dig, dina armars gungning, din långsamt vaggande stjärt.

Hur de guppande tvillingarna ömsevis dras ut och sjunker sig runda och mulliga igen i en upprepad rörelse som mina ögon inte hinner med men som ändå har tid att vara långsam och alldeles utan brådska,

ett samspel mellan dina rörliga ytor som liknar vattnets hypnotiska färg- och ljusspel – något hos dig som jag bara är nära att se.

XI

Vi rinner som vatten.

Än smalnar stigen så vi får trängas, än skiljs vi åt av stora stenar. Vi rundar dem tillbaka till varandra. Som vatten.

Vi vet inte hur länge vi gått. Molnen verkar orörliga, men nästa gång vi tittar är det andra moln.

De mäter inte tiden, bara hur länge den stått stilla, något oförflutet men förgånget.

Sett från molnen är stigen en mjuk linje, men här nere finns det hinder.

Ibland kan vi inte ta oss över eller ta oss runt. Vi tänker vända om men blir stående.

Flera gånger kommer vi tillbaka innan vi plötsligt är förbi.

XII

Vi närmar oss havet.

Vattenglitter mellan grenarna drar i blicken som en spole börjar spinna i en eka.

Under våra fötter löses stigens fläta upp. Så nära slutar den att finnas till.

XIII

Som man blint följer varandra när man småpratar finner vi oss stå vid havet, liksom förda dit.

Mellan två dyner öppnar sig det blåa, och om vi hållit varann i händerna skulle vi ha släppt taget nu!

Vi springer inte mot horisonten men vi andas in djupt och ser oss inte för var vi går.

Det som är långt borta är fortfarande långt borta men alldeles blått nu!

Det luktar sand och hår och något mer, nästan en smak. Om vi inte varit i rörelse hade vi ställt oss på tårna.

Här finns något att bygga höjd med under våra fötter, stora hävar rör sig fram och tillbaka över en vidblå himmel, lätta flor landar på tuvorna utan att böja stråna.

Vi vänder upp våra ansikten och blundar, solen står högt, det gnistrar i sanden, bara de minsta djuren vet var det fortfarande är natt.

## XIV

Vi har inte varit här förut men allt vi ser har ett namn, det finns vatten och ljus, det finns vita fåglar.

Och vi har levat, vi känner igen oss, du ser dig omkring och vet, jag ser på dig och vet,

det är här, tiden saktar in, planar ut, havsfåglarnas långsamma kretsande, det kan vara här...

XV

Vi står på en strand med vit sand, vinden inar i örat som ett långt tomt ord, en transparent vokal, ögonblicket innan det blir tyst utdraget i oändlighet.

Den ton som bär längst är den enda platsen spelar på, en ensam sträng. Vi lyssnar och ger varandra nya namn.

XVI

Vi kisar mot udden längst ut. Allt som försvinner vid randen tränger in i oss, fortsätter…

Bara de som inte kan flyga kan låta sig fyllas, kan breda ut armarna och andas, kan stå där marken tar slut och fortsätta genom att dröja kvar, på tå, och kanske lite vaggande.

Men vad är det som undgår oss?

Vad är det som saknas?

Detta åt alla håll öppna och tomma är som ett litet rum med omätliga avstånd till väggar,

som om det väntade på en sång,

som om vi alltid måste sjunga om det som är större än oss, för att det ska bli stort nog.

XVII

Himlen är tom, ett nötande på samma fläck.

En så stor tanke leder ingenstans. Så vi låter den fara. Vi slutar att grunna över himlen, och släpper äntligen in alla fåglarna!

## XVIII

Strandremsan är full av fåglar, varje steg breder ut många vingar, en ny lätthet tar sig in i vår gång.

Bakom oss sluter fåglarna ringen igen så att vi ska glömma vägen hit, och visst, redan når vi inte längre än till molnen och himlen!

Att flyga, vara blick, glömma hur hård pannan är kring språnget!

Fåglar är det vanligaste som finns. Hur många gånger har du rört vid en fågel?

Råkor jäktar förbi i ranglös oordning, svart mot svart. Vi räknar och räknar om dem.

Inte en enda vinge rör vid en annan, det är så man vet att de vet om varandra.

Horisonten är långt borta men jämkar sig med fåglarna nära, det förvånar oss att barn som jagar tänker sig att nå dem...

De skrämda vingslagen hade väckt oss om vi fortfarande sovit, vad gör de med oss nu?

Ljud som söver när man är vaken och väcker när man sover, ljud som väcker men inte fortsätter att väcka…

Fåglarna landar en bit bort från oss, för en sekund desorienterade, som om deras vingar fört dem någonstans som till fots är ett främmande ställe.

## XIX

Med en svart fjäder dirigerar jag tomheten som blåser in från havet.

Fjädern i min hand väger mer än fåglarna i min blick.

Lätta som skuggorna av det som aldrig blir av, äter de fröna innan de gror, äter de tankarna innan de blivit ord.

De är råkor, deras läten betyder ingenting.

## XX

Vi vänder oss utåt mot havet som om vi letade efter vägen hit, utan att hitta de rätta orden, utan att komma närmare horisonten.

Vi ser länge på fåglarna. Det är bara fåglar, men de kommer flygande från horisonten...

En outtömlig ljusblå himmel rinner till i din iris, fyller på din iris.

Det blir inget fågelträd av vår planterade fjäder, men att vända oss bort från den lilla gropen kommer så småningom att bli en hel färd.

## XXI

Jag talar med dig om fåglarna.

Och med uppmärksamheten delad mellan dig och deras oberäkneliga flykt får jag plötsligt en annan röst, en enklare röst.

Min egen?

Det är ögonblicket när jag glömmer mig, och finner mig.

XXII

Vi får stå högt för att se horisontens kurvatur, leva länge för att se några saker återkomma.

Under tiden samlar vi på försvinnanden, trär dem på trådar som snäckskal.

Vi hittar träbitar uppsköljda på stranden som hejdade mitt i ett försvinnande.

Ända till utplåning är det ytan regnen hamrar på, ända till utplåning frånvaron av hemligheter.

Och kanske finns inte heller vi inom oss, kanske bara ibland, kanske bor vi i den tanke vi snuddat vid oftast.

Vet vi vilken den är?

XXIII

Vi plockar späda primörer av ingenting ur luften, greppar om ingenting och får tag i osynliga blonda hårstrån,

något som vi måste rulla mellan fingrarna för att alls känna av,

som när man ordlöst vill beskriva ett ansikte med samma kindrunda gest tafatt upprepad.

Men om det finns något på andra sidan undgår det oss. De tunt spunna broarna når bara halvvägs.

Inte för att de finns där för att vi ska komma över. De ska bara sträcka sig längre än vi kan se så att vi kan vända oss bort...

XXIV

Våra ord faller som blad strödda i vatten. De första bladen hinner föras långt bort innan vi släppt de sista,

och meningar som skulle handla om oss får långa pauser fulla av vatten och solglitter.

Kommer orden alltid att vara något vi sträcker oss efter?

Frågan får inget svar.

För plötsligt, utan att ha korsat någon gräns, är vi på andra sidan om oss själva, barfota, skrattande åt ingenting,

som efter en resa när man med lätt hand ger bort vad man tidigare inte velat skiljas från till något pris.

XXV

Solen bländar oss.

Fläcken på retinan är den mörka sidan av månen, den minsta av skuggor.

Detta är en akvarell som aldrig förändras och aldrig blir färdig:

himlen tom som glömska, saltranden med havet på tungan, dynerna som veckar sig som om vågorna fortsatt längre än vattnet.

Och bakom oss, korsande våra, fåglarnas fotspår som bara upphör...

XXVI

Vi älskar att titta på vattnet, särskilt när vi famlar efter ord, så länge vi kan minnas – alltid när vi famlar – slutar våra turer vid vatten.

Men så ser vi bort, vänder blicken mot annat, inte för att vi sett vad vi ville se av havet – det blåa tar aldrig slut,

men av distraktion, för att vi såg en skugga, för att vi också är något som måste vara i rörelse.

Vi går längs linjen av skum, intill det stora vattnet, och undrar hur det måste vara att leva på öar,

att känna sig både större och mindre än marken man går på, hur ännu med stora avstånd i ögonen terrängen tar slut...

## XXVII

Medan vi rör oss längs stranden sträcker vi ut på alla sidor om oss, slutar att hölja oss om en punkt och låter oss dras ut till långa stråk,

och medan vår hud domnar i brisen har våra skuggor börjat ömma, något av det som rundar oss passerar redan genom oss.

När vi håller upp en hand kan vi se vårt blod lysa igenom. Allt som inte är fastsurrat sköljs ur oss på vågor av ljus.

En sista skugga samlar sig kring sig själv för att inte upplösas. Vägen hit!

Den ser ut som slingor av bläck, ett mörker som trampar vatten i stora kjolar.

Vi ser genom varandra, ända till hjärtat och blodet och ryggradens krökning – en våg avnupen i båda ändar…

Solen lyser genom våra tunnaste membran och gör oss röda. Ditt öras rand glöder, du finns, jag finns, enklare än så här blir vi inte.

Vi går fram och tillbaka längs stranden, det enda sättet vi vet att sudda ut våra fotspår är att gå sönder dem.

Jag ser längs stranden på de få människorna, du ser ut på det glittrande vattnet, och det är samma blick.

Vi följer kustlinjen med fingret, en smal remsa som vattnet aldrig lämnar men som det ändå inte stannar kvar på.

Precis så som vi skulle se ut om vi kunnat klä av oss våra kroppar!

XXVIII

Vi kippar runt i himlens för stora skor!

När vi måttar med ögat har vi knappt rört oss, ändå tar vi i varje ögonblick allt i ett språng!

Då och då stannar vi och plockar upp saker: stenar, snäckor, för att väga det i händerna och ta på det.

Och när vi sedan släpper det gör det ingen skillnad var. Överallt är rätt plats för vad vi finner här och låter falla.

Överallt är platsen. Vi behöver bara säga så för att vara framme.

XXIX

Vi bär skorna i händerna, sanden pressar mot fotvalven.

Vi kunde lämna skorna efter oss och fortsätta barfota, vi kunde lämna plagg efter plagg efter oss.

Vi kunde fortsätta utan hud, ben, ögon, slingra över dynen ner i bukten, bara fortsätta…

blåsa ut oss i vinden som maskrosbollar - gråa utandningar som vi försvinner i.

Barfota finns det mer i sanden än sand, med bar hud är starren något som skär,

dess styva blad och sträva ytor verkar mer levande när de kan komma åt oss.

## XXX

Det finns ingenting kvar hos sanden som kan falla samman, vi går över sanden och den ger efter,

men den är inte mjuk inte ett nyutslaget löv, den är trots allt sten, sten fråntagen sin orubblighet, men sten.

Tyngden finns kvar i våra steg.

Våra avgjutningar är en del av oss, vi töms i våra spår, det tröttar att gå i sand.

XXXI

Det som växer överst på dynerna ser ut att ha fångats i sista stund, som om vinden kastat upp vallar under något som svävat iväg.

Vi drar längs stjälkarna och får händerna fulla av tebladstorra rostflagor,

något luftigt,

något att hålla i bara för att släppa taget om.

Vi bryter dynens fina linje och släpper oss ned i den sandiga backen i stora sjunkande steg.

Skuggorna vi vänder upp ljusnar genast i solen.

## XXXII

Jag saktar in för att se dig gå, din rygg, dina höfter, dina armars pendelrörelse, hur kurvan mellan skulderbladen djupnar när du skjuter fram brösten.

Efter en stund börjar jag nynna på din rytm. ”Vad är det för melodi?” frågar du!

XXXIII

Din tunna sjal om höften fladdrar och smiter åt.

Jag vill stryka över tyget med handen, gå i blomkurvorna och plocka, ur mönstret nypa knoppar åt dig tills du är naken!

En il lyfter sjalen så att skinkorna knottras. Jag lägger min varma hand där.

Du låtsas inte om den men trevar om midjan för att känna om allt sitter som det ska.

Och på något vis får du tag i himlens snibbar och binder om dig utan att märka det, ljusets idé!

Blustyget spänns åt över dina bröst, som en hängmatta full av äppelblom och sovande.

Och om jag tryckte lite med fingret skulle blusen spricka upp som en mogen frökapsel.

XXXIV

Du hittar en plats och visar mig runt med en piruett, som för att också visa mig hur väl du klär i sol,

för du vet nog, din lilla mannekäng, vad platsen vore utan dig!

Du sträcker ut sjalen i sanden, känner på formerna under tyget som en följsam varm kropp, och bjuder sen ner mig intill dig.

Allt är som det ska. Nycklar och mynt glider långsamt ur våra fickor.

## XXXV

I sanden kommer vi det lilla inpå, dynerna krymper till korn.

Nära marken minns vi lekarna, sjalen blir båten och sanden havet.

Och havet?

Det väntar lugnt med sin skimrande verklighet utanför lekens lilla cirkel.

## XXXVI

När du andas in djupt av den salta havsluften hoppar till slut översta knappen ur sitt knapphål så dina bröst liksom sätter sig med en utandning.

Vinden, alltför allomfattande för att ha en egen röst, rufsar ditt hår och ger dig mer av svindel, får mig att hänga vid dina läppar…

Jag sträcker på halsen och andas in din andedräkt, doft av segel och tång.

XXXVII

Du bär stenar i fickorna för att göra dig lättare, ligger på rygg och trampar himmel, övar torrflygning,

innan du till slut blåser upp kinderna och lyfter dig som en ballong mot mitt ansikte!

XXXVIII

Mmm, lukta! Någon skalar apelsin.

Det är vår doft, solens doft, en sol man kan se in i, en doft som säger: jag har inget under!

Som doften av smörblomstatueringen nedanför ljusets navel!

## XXXIX

En rund humla brummar nära ditt nyckelben.

Som alltid vill jag dra pekfingret över dess fjuniga päls, som alltid låter jag bli.

Istället frågar jag: varför så bylsigt påklädd? Det är ju sommar!

XL

Vi gör ett bylte av våra kläder, blottad hud knottras av fläktar som händerna inte märkt.

De små fjunen på kroppen fladdrar, vi är själva fjädrarna som kittlar oss!

Och först ser vi blyga ut med armarna intill oss, innan vi slappnar av, som om vi inte bara kan klä av oss utan måste slå ut.

XLI

Ditt hår står ut i vinden, nackgropen skymtar genom suddet av sammetspiskor.

Du ger mig leende lov att luta mig in.

En slinga i min mun dras kittlande mellan mina läppar och får munnen att vibrera som en uppdragen snurra.

XLII

Vi lägger oss på sidorna, höfterna nedsänkta i sanden, knäna omlott.

Mellan oss vårdar vi en hemlig solvarm smekning, som om vi höll två bländande vita musselskal mot varandra för att gjuta en droppe mörker.

Jag följer din höfts kontur vidare längs hela strandens linje över de mjuka dynerna tillbaka till din runda stjärt och ländryggens tvillinggropar.

Vi smusslar och viskar, jag kommer åt din bröstvårta i förbigående, mamillen styvnar under tyget medan randiga parasoller snurrar i brisen.

Sanden tar sig in överallt, håret känns grusigt och det knastrar mellan tänderna.

Din nacke stramar när du med yttersta tungspetsen försöker nå ett irriterande litet korn i bröstvårtans grunda fördjupning.

Det rosa drar sig samman och skrynklas i luften som nyponrosblad under en lupp.

XLIII

Du rör dig smått, tvinnar tyget skönt i kläm,

en ömsande rörelse med höfterna som du försöker dölja. Och sedan inte längre bryr dig om att dölja.

En havsbävning som får en tärna att lyfta från ytan, ett dämpat jämmer och sen är det över.

Du smälter ner på rygg, svallen förlängs till ingenting och lugnet på havet är alltid tusen år efter stormen.

XLIV

Vi springer ikapp ut i vattnet tills vi faller, rör upp vitt skum och guldljus.

Det rinner av dig, vattnet tar den genaste vägen nedför din kropp. Jag lapar svett och havsvatten från din mage och söker den långsammaste.

Munnen får inte fäste på din våta hud, den glider som en katamaran.

I solen känner jag det svaga inom mig mogna till denna sugmunssång.

Jag nynnar mot den mörkare fläcken i dina svarta trosor, suger havet ur dina hår.

Tyget spänner över min tunga när jag gör den styv för att tränga in. Ditt kön: ditt blötdjur. Din anus: din gråa sjöstjärna.

Jag sätter mina öppna ögon mot ditt köns ögonlocksmjuka hud, för att blundas av dig. Och få dig att blunda.

Dina halvor sluter sig över mitt ansikte som om jag frossade på en stor klyfta melon, med hela ansiktet, med rinniga kinder.

Jag kysser din blygd som jag kysser din mun. Dina läppar säras när jag särar dina läppar. Med öronen pressade mellan dina lår hör jag de första hesa tonerna...

XLV

Du lägger dig i det grunda vattnet, låter det dra i dig, rucka på dig som en lös sten, lyfta dig en handsbredd.

Du tar på allting med hela handen, med hela kroppen, låter världen röra vid dig.

Nyss strök vinden ditt hår, och nu drar vattnet fingrarna genom det i en intimare beröring,

tills din blygd lyser upp under ytan som en röd lanterna.

XLVI

Vi spottar varandra i ansiktet på skoj och sköljer av oss med långa simtag under vattnet.

I vattnet väger vi ingenting. ”Låt mig bära dig” säger du.

Och senare i sanden efter en annan viktlöshet: ”Stanna kvar, jag tycker om att känna din tyngd”

Överallt på stranden ligger stenar staplade på andra stenar, förströdda övningar i höjd.

XLVII

Molnen glider åt alla ulliga håll samtidigt. Vi frotterar oss rosa efter badet.

Till slut vågar jag fram med mitt förslag:

"Svansa för mig. Svansa lite för mig i solen, så ska jag dumdansa för dig!"

XLVIII

Vi badar i samma kläder vi sov i. Våra fötter ömsar sig lena och glatta i sanden och vattnet.

Hudfragment tumlar om i glaskräftornas transparenta magar tillsammans med de sista spåren av ditt röda nagellack.

Jag sörplar saltet från dina naglars rosa räkskal.

"I like simple gööl", skämtar jag och tar på din glänsande häl, på den nya babyhuden,

innan jag kysser den med den mjuka insidan av min underläpp och stämmer ditt skratt till ett kittligt litet skrik.

XLIX

Du lägger dig i sanden våt och huttrande.

Solstrålarna söker över din kropp utan att hitta fram. De har glesnat och släpper igenom frågor.

Du kurar och trängs mot mig för att hålla tätt, sätter din panna mot min för att inte tänka…

Jag blir ställd av våldsamheten i din kyss.

Din hud är sval och prickad av små droppar som jag stryker bort från ditt lår med ett finger och nuddar av under örat som en svag parfym.

Luften pressas ur mina lungor när du grenslar min mage, baddar min hals med dina mjuka underarmar och pusslar dina lemmar över mina,

för att värma dig och svalka mig och i det ögonblick vi är lika varma möta mig i en salt kyss.

Och långsamt sluts den kalla blå sprickan. Kyssen flyter upp mot ytan och börjar lekfullt guppa.

Jag kysser dina ögonbryn ända in i sömnen där de förvandlas till små förvånade mårddjur som jag matar med munnen.

L

Baderskor droppar och stänker som ruskade våta risknippen.

Vi får det på oss, vatten från kroppar, från unga kvinnor med bröst som ser nya ut, perfekt vita och rosa.

De tittar åt sidan som mutade vakter, släpper in våra blickar. Stolta.

En vattendroppe hamnar i min öppna hand, helt klar, en rund samlingspunkt för alla riktningar,

som en följd av himlens behov att ibland sluta sig.

Färgerna bryts i droppen. Att se den är att få en glimt av allt annat: blå vågor, ömrosa hud...

Vad kan vara mer oskyldigt än att böja sig fram för att slicka upp den?

LI

Droppen går inte att se igenom, så blicken fortsätter in.

Och längst inne syns nästan målet, meningen med allt, infattad som en insekt i bärnsten!

Men så är det ibland med sådant som ryms i en hand.

LII

Nyponsnåren är en vilopunkt, något jag ser på bara när jag vänder bort blicken från annat, från bländande reflexer och nakna rörelser som inte är dina,

som om dessa vulgärt läppstiftsrosa blommor, kliande bär och marknära skuggor

inte kunde väcka någon svartsjuka!

## LIII

Du har doppat dig sval. Små parasollburna frön landar på din hud som sinnliga blickar. Det är tid för näpna inviter och smått smulade ord.

Lätt omtöcknad samlar du dig från alla håll för att bjuda en yta åt en smekning.

Jag stryker dig över magen, borstar bort ett sandkorn. Du spänner dig en sekund innan du slappnar av, innan handen lugnar oron som handen inger.

Fem droppar ryms i din navel.

Du plaskar en stund med lillfingret där innan du vågar dig ut på det djupa...

Det blöta håret som slickar din rygg, det glatta tyget som glider upp, glimten av ljusare hy, smygandet innanför linningen, behag som dallrar ikapp med hettan och toppar sig och samlar allt på en plats...

Det mjuka hullet mellan clavicula och höftben,

mina långsamma simtag och allting som väntar med att finnas tills jag hunnit över...

LIV

Sanden formas efter oss, efter våra rörelser. Silhuetterna djupnar under oss.

Men det hinner aldrig bildas en grop, en grop som inte liknar oss.

Bukten är så stor, vi kan se så långt åt alla håll att vi slungar det vi har i händerna istället för att bara släppa det, och drar vidare även om vi redan hittat det bästa stället.

En stund vill vi stanna för alltid där vi är. I nästa stund vill vi se vad nästa stund för med sig.

Så vi lämnar den blå himlen för det blå, den vita sanden för den vita sanden, där vi på nytt en stund vill stanna för alltid...

Och varje gång vi tar bort sjalen från sanden har det bara hunnit bildats små veck och linjer, våra ömma rörelsers diagram.

LV

Vi reser oss på darriga ben som om vi blött.

Allt vi är har skummats av till en rodnad på huden, en kontur av hetta kring ingenting.

Och vi makar isär oss för att svalna medan vi håller samman våra tomheter

- i fingerkrok.

LVI

På platser där allt är långt borta vill vi skingras, vill vi vara inuti något, vill vi aldrig sluta kyssas.

Dina läppar är den blöta udde där vägen tar slut och ändå fortsätter och fortsätter…

Vi blundar och söker i kyssen efter det bästa ögonblicket att avbryta den,

att i den största närhet finna det rena avskedet.

LVII

Du rör dig långsamt bort längs den långa stranden, en helt annan värld än den vi korsar i fem badsugna språng!

Jag övar mig för din återkomst genom att länge se på luftiga moln höga himlar och öppna vatten…

LVIII

Stunden när jag får syn på dig igen men innan du är här, och jag håller inne med ditt namn tills rösten bär.

Hur du fortsätter när du redan är nära och inte svarar förrän du kan viska och till och med i omfamningen så sakta börjar vagga oss, som om du fortfarande var på väg.

Du frågar mig vad jag vet om dig, förhör mig om din ögonfärg, som om du varit borta länge!

Jag drar med vilje ut på svaren för att locka fram din ljusaste röst, ett harmset slag på armen

och ditt ansikte så utmanande nära att jag kan se saker som försvunnit och saker som inte finns än passera genom samma pupill utan att nudda varandra.

LIX

Jag har ett hum, ett hum om dig.

Jag kan alla dina mellannamn och gissar mig till vad du vill efter vilken sida om halsen ditt hår faller.

Det händer att du lyfter bort småkryp så man inte ska trampa på dem,

det händer att dina ögon söker sig till platser där man kunnat vara om man varit riktigt liten.

Vad mer behöver jag veta!

LX

Jag frågar om din utflykt och du berättar om en sandödla, en liten ryckig muskel på en klippvägg som du tyckte om att titta på men inte vågade röra vid.

Och medan du anförtror mig detta, fyller solen dina ögon och suddar ut pupillerna.

Åh, jag älskar dina svärmiska ögon och dina viskade ord som är längre från mitt öra än din tunga.

Och hur det kittlas när du inte riktigt vågar säga vad du vill!

## LXI

Somliga förtroenden kommer lättare över våra läppar när vi är nakna, annat gömmer vi djupare.

Men allt vi håller mun om blodar insidan av våra kinder, gör våra kyssar rödare och för oss närmare.

Och så nära varandras ögon kan vi ändå se bottnen som genom klart vatten, på samma sätt som vi bara är skymda här tills någon tittar efter.

Viskningen när vassen släpper igenom brisen är hela hemligheten.

## LXII

Jag vill följa med dig dit där du varit, där du nyss varit, ditt nyaste förflutna,
i det nätt och jämt nedlegade gräset

där du spillt lite glädje, några sockerkorn som vi kan plocka upp med vätt fingertopp

för att visa varandra att hela världen fortfarande ryms under våra händer.

LXIII

Fågeldrillar faller som ett karamellregn över vattnet. Solen lyser i folien.

När vi tittar in i ljuset får det oss att nysa, liksom den rena luften gör oss fnissiga.

Vi tycker om att laborera med ljuset under våra promenader, blanda ljusdrinkar åt oss själva hela dagen.

Andra säger att det är ett ytligt tidsfördriv, att vi borde ägna oss mer åt skuggorna.

De säger att det finns viktigare saker än solen...

LXIV

Våra nakna fötter kyls av vattnet i strandkanten, värms av solen, kyls om igen.

Det dröjer innan fötterna förblir kalla, innan värmen lämnar oss för gott.

Men eftersom du säger att det finns tid vill jag fortsätta gå med dig längs stranden och svalka mina fötter i brynet.

LXV

Närmare udden är stranden stenigare men ansiktena öppnare.

De få vi möter härute hälsar mycket artigt. Det blir så på nästan tomma platser.

Vi är bara och svala men varma under fötterna av de torra kritvita klapperstenarna.

De gnisslar av vår tyngd. Och eftersom vi måste gå långsamt börjar vi leta. Vi håller upp stenarna själva och tycker att vi funnit något.

## LXVI

Du håller en rund och slät sten i handen, hand och sten mer olika än två solar i varsin ände av universum.

Du rullar den i handen, mjölkar den på ingenting. En taktil överföring av ingenting.

Stenar är något som kan ligga i handen och ändå närma sig. Du får inte nog av att ta på dem, att hålla upp dem i ljuset.

Du vårdar dig om dem som du inte kan vårda dig om ditt hjärta: med händerna, med dina fingertoppar.

Ute i vattnet hör vi runda klapperstenar lyftas av vågorna och sjunka på plats igen när vattnet drar sig tillbaka.

Vi lyssnar länge på ljudet, konsert för hundratusen stenar, tiotusen år lång.

Innan vi går finstämmer vi instrumentet genom att ta några stenar med oss.

LXVII

Vi sätter oss mittemot varandra och försjunker i ett långt parti utan regler. Du tittar på stenen jag just ruckat loss och lagt bredvid sitt avtryck, och nickar fundersamt en stund innan du lyser upp och segervisst sätter en hjärtmussla som en liten hatt på tummen!

LXVIII

Du leker med sanden, gör vad man gör med sand.

Man kan sila sanden mellan fingrarna eller bädda in en gömma i den. Vad man än gör med sanden är det för att släta ut den efteråt.

Du strör en rundad topp och undrar över att sanden envisas att finnas: ett slut som varar längre än våra liv.

Något som varit berg, som blivit sten, som blivit sand.

Det sista av något har också ett namn.

Sand.

LXIX

I detta paradis har allt redan ett namn.

Vad skulle vi gjort utan smeknamnen?

va, min päronrumpa!

## LXX

Sanden och vattnet är vad det är. Vår närvaro ändrar ingenting. Det är lugnande. Maktlösa som barn upptäcker vi lekarna igen.

I sanden. I vattnet...

## LXXI

Jag låter torr sand sila mellan fingrarna, fingrar som vet hur man läker men inte hur man vårdar något vittrat.

Sitter jag och grunnar på hur flyktigt allting är? Nej då. Jag bara njuter av att läcka om och igen med ett sisslande ljud.

LXXII

En fluga slår sig ner på mitt knä som en punkt i en lång slingrande mening.

I handen fångar jag ett ljud som med ens tystnar, och det känns ingenting mot huden.

Men när jag ser efter flyr den på sina vingar av tunt kräppapper i ljuset,

genomsynliga,

fast bärande.

LXXIII

I kroppen är vaggandet kvar efter de långa baden.

Vaggan rör sig som vaggor rör sig, från sida till sida, varsamt på väg dit den redan är.

Och vi har bara att sluta ögonen för att nå ända fram…

Mönstret på sjalen under oss ser ut som brandgula bin arrangerade på svarta stjälkar, som blommor eller bivingar blandade med pollen till något puderlätt som skingras under våra fötter och gör spåren bakom oss alldeles runda. Som sömnen.

Vi somnar i solen och vaknar helt urlakade. Som drömslekar reser vi oss på nyfödda ben och tar oss ner till vattenbrynet.

Vågorna i bukten oroar inte med några betydelser.

Bruset är bikter som drunknar i varandra.

En kvinna sköljer foten, håller den fri i luften som en nyfödd rosa baby medan hon bankar ur en sandal.

Vår vindlekta sjal slingrar sig iväg bakom oss i sanden. Men dagen är lugn. Allt som blåser bort hinner vi ifatt…

## LXXIV

Tången frasar under våra fötter som gamla filmremsor med inspelningar av stormar.

Vattnet silas genom sanden med ett sandigt ljud. Havet har ingen brådska att rasera världen.

Vattnet slätar sanden mörk och sval. Runda auror lyser upp under våra fötter.

Det rör sig under oss. Vi byter ofta fot. Vatten samlar sig i våra avtryck och det är lätt att få svindel.

När jag räcker dig min hand fattar du min armbåge.

Vattnet glittrar som om det balanserade. Det omsluter våra anklar. "Nu är vi i", säger du högt för att markera att det är något annat nu.

## LXXV

Så nära vattnet är bara himlen fortfarande blå. Vi står vilsna en stund i det genomskinliga.

Vi känner det blåa havet bättre, det avlägsna havet.

Försiktigt sätter du ner din nakna fot på den steniga bottnen. Det finns sandbottnar längre ut, längre ut tyngdlöshet och lättnad och djupa vaggor.

Men först denna oväntade stenlabyrint under den blanka ytan och din enda bekymmersrynka som jag förälskar mig i!

LXXVI

En oval av glittrande tremolon flyttar sig på vattnet efterhand vi närmar oss den.

Över den grå bottnen dras ett gyllene nät.

Ungefärligt böljande ljusgröna alger fäster hårt vid lösa bottenstenar.

Kladdiga klickar av bottenslam rinner av våra händer, men under vattnet håller vi i gråa moln.

Vi tycker om den här känslan av något som upplöses i händerna.

LXXVII

Du står med vatten till vadorna. Din hand söker sig mot solbrännans otydliga gränser.

Hm, hm. Akvamadrass... akvamaräng... akvamarin! Ordet landar som en liten insekt på vattnets blåa, som på fast mark.

Du lägger handen mot vattnets ytspänning, försöker vila på ingenting.

Sedan kupar du handen ur vattnet och fångar en munfull blänk.

Det är vackert men inget du kommer att minnas när det mörknar. När det mörknar vill du vänja ögonen.

Det är därför du säger det nu. Du formar läpparna om ordet och mimar det mot mig i en stum hojtning:

l-j-u-s-e-t!

## LXXVIII

Vi rör oss långsamt i vattnet, stretar som i fallskärmar tunga av vatten, selar oss i ingenting och släpar oss fram mot ingenstans.

Hela tiden måste vi runda något.

När vi ser oss om på stranden har vi ibland avlägsnat oss, ibland närmat oss.

Våra fötter prövar sig fram i dunkla rum medan vi blinkar i ljuset.

De bländande vattenreflexerna når oss snart till naveln, som en ballerinakjol som glidit upp!

Vi tar oss ut en bit, var gång lite längre ut. Där det djupnar ser vi oss om efter något att hålla oss nära.

Bottnen sluttar ner mot mörker och när inget tar i svävar vi. Det är ögonblicket att vända om eller luta oss fram med sträckta halsar...

På tå i bottenslammet är vi nära att tappa fotfästet. Allting blir oöverblickbart.

Det grunda, ljumma vattnets genomlysta ryggfena går över i en kall valbuk, havet.

Vattnet når oss till halsen, vaggar oss utåt. Hela havet som en kall, mycket lätt halslänk.

Vi trippar viktlöst på botten med armarna sträckta längs ytan som om vi ville släta ut den! Vattnet klickar mot handflatorna.

När vågen kommer trycker vi ifrån med tån, innan vi minns att bara lyfta på fötterna och flyta över.

## LXXIX

Att flyta är att vila med vatten istället för sömn vid randen.

Ansiktet är en varm mask på ytan av det svala. En våt linje går från tinning till käke.

Under ytan sluter sig öronen mot måsarnas skrik och öppnar sig mot det djupa.

Håret böljar bakom oss som något levande. Vi andas in och höjer oss lite i vattnet, vi andas ut och sjunker lite.

Livet som varit blir långsamt en allt enklare historia.

LXXX

Vi simmar och försöker att inte tänka på någonting, för att inte röra upp bottendyn.

Det molnar om oss. Vi syns inte än. Vad är vi av allt som stillnar?

Vi är som maneter, som stilla i sina vattenklockor är hela havet, tills de rör sig och bara är sina transparenta släp.

Sköljda tomma, utspädda till vatten i vattnet och ändå något för sig? De låter som gåtor, maneterna.

Åh, men att simma, vara vattnet, inte vara något, en tunn vattenlins en böjning av ljuset, oskadd silad genom gälar, genom kroppar.

Att sammanfogas av allt som låter sig sammanfogas och att genomflytas av allt annat.

Att vara tom, men som en manet, som en människa, genomströmmad.

LXXXI

Vatten med en puls.

Det eviga havet sköljer upp maneter på stranden för att få dö lite i solen.

Vattnet bär oss. Små rörelser håller oss svävande. Ändå är det en vila när vi tunga i kroppen vadar tillbaka mot stranden.

Böljande fält av grönslick smeker våra fötter.

Vi kramar tårna om den räfflade botten, går bort den våta sanden i den torra.

När vi lämnar vattnet är vi lite yra, och när vi blir varma igen blir vi dåsiga.

Stenar sjunker i våra ögon och lämnar plats åt mjukt rundade vattenringar, som det bidande så ofta drar sig undan det blommande.

## LXXXII

Vi torkar som tunna bibelblad i den torra luften och håret står åt alla håll.

Vi luktar gott, allting luktar gott. Luften dallrar av värmen.

De badande längst ut får böljande konturer som lurar ögat men visar hur vi kanske kommer att minnas dem.

LXXXIII

Flugorna jäktar kring våra fuktiga spill,

så små att de kan turas om med sina skuggor att vara levande och döda.

Därför är de alltid utvilade, därför finns de överallt...

LXXXIV

Håret har torkat i solen och blivit luftigt. När håret är som mest på väg är vi som minst villiga att ge oss av.

Fåglarna panorerar över en liten koloni av dåsiga kroppar. Resårer knäpper mot magar som insekter spelar i gräset. Vi hör röster men inga ord –människofåglar.

Du ritar med fingret i sanden för att visa mig något, häller vatten i fårorna, lägger till lite starr och martorn för att antyda strandens trikolor i grönt, vitt och blått.

Gräset, sanden, vattnet. Våra färger!

LXXXV

Vi ligger i solen – det är ljust.

Det finns inga hinder mellan oss och de stora avstånden. Inga skärmar skärmar av, inga minnen fäster.

Tankar kommer lika slumpvis som håret får knutar.

Våra ord är enkla, molnord och sandord. Allt är så långt borta att vi kan börja från första början.

Här har vi lov att prata om ingenting, att lätta om hjärtat hålla med om det blåa och instämma med sanden i vind- och vattenlösliga vinjetter!

Där är vattnet. Där är sanden. En blick räcker för allt vi ser.

Vi är här.

Nu.

Det är skönt att inte veta mer än så, att fulla av tillit låta det som sker hända och slippa välja ur kommande eller förflutet vilket nästa ögonblick ska bli!

Där är sanden. Där är vattnet. Varje gång vi vänder oss om gör vi det helt och hållet.

## LXXXVI

Vi samlar stora fång av starr. Det fjädrar mot bröstet. Mest luft ändå, mest mellanrum.

Vi tar famnen full av ingenting med det grönas hjälp.

I sanden ritar starrens skuggor svaga blyertsstreck, som om skuggorna trots att de är skuggor bara är skuggor...

Vi tittar på skuggorna för att lära oss precis hur mycket vi kan lämna orört och ändå vara här.

Stråna vajar åt sidorna som man stryker bort hår ur pannan. Vi följer dem med ögonen och tänker på ingenting.

Vi tänker på solen, vattnet och sandens lätta tryck mot höften, så vi tänker inte, vi andas.

Ljuset strilar igenom oss som genom strån och vi märker att vi finns till bara på hur vi bryter ljuset.

## LXXXVII

Starrens långa bockande strån. Myrtrampoliner! Badkläder gungar i stjälkarna medan de torkar.

Vinden tappar farten här. Pollen retar marken med sitt nästan-landande.

Vi begraver ansiktet i vindens rundade och bolmande ändar, provar i munnen och får kryddor i näsan.

Vi bryter av och tuggar på den peppriga beskan. Våra munnar doftar som mortlar.

Långa strån trådas i min mun som om jag sög på dina beska flätor, som om jag svalde dig lina och sänke, vrist och ankel!

Jag lutar mig fram för att plocka en ögonfrans från din kind. Och medan du ännu blundar med sådan självklar tillit äter jag kvickt upp den!

LXXXVIII

Du hittar lite strandkål som du smakar på.

Jag gör stora ögon och lyssnar uppmärksamt på krasandet i din mun, som om det var en berättelse om dig själv.

Du skrattar och sträcker ut din molluskmjuka tunga mot mig, så överrumplande röd bland strandkålens och starrens bleka gröna, alla strandens ursköljda färger, att din röst når mig dämpad, som under vatten,

ett raljerande dropp i bakgrunden som så orättvist beskyller mig för ouppmärksamhet!

## LXXXIX

Strandkålens krusade kanter är en stillbild av vinden under vår sjal. Här, säger du och bryter av en bit. Smaka på ett fruset ögonblick!

Överallt på stranden fladdrar lösa tottar och strån som aldrig lossnar.

Allting håller samman på något sätt. Pollen blåser samman i fluffiga högar. Det lilla som finns tar aldrig slut.

XC

Vi ställer vattnet i våra skuggor för att hålla det svalt. Din rygg är het när jag känner på den.

Vi ser inte på solen men den är där. Av allt vi inte ser på är solen det synligaste.

Jag lägger din blus över mitt ansikte för ljusets skull, viker det tunna tyget tills jag inte ser igenom, leker att jag somnar.

Vi är här för solen och när vi vänder oss bort är det för solen. Vi skymmer oss för ljuset är bländande.

Till och med skuggorna ser ut att skimra. Och om de kunnat fyllas av sol skulle de gjort det.

Istället fylls de av allt levande.

XCI

Du dricker det ljumma vattnet, häller upp i handen. Vattnet rinner över, söker ny rand.

Horisonten…

Blänkande spill faller i sanden som rostiga bruna vattenmynt.

Du tar på dem med fingertopparna, gör förstrött små dyngbaggekulor av leran.

Sand blåser mot huden, tatueringsnålar med umbra i. Huden blir len. Du slickar havssalt från din allt brunare arm.

XCII

Det är hett så vi sätter oss i skuggan.

Orden faller ett och ett, för vi vet inte hur många vi hinner uttala innan solen går i moln, suddar ut skuggans gränser och lämnar oss utan motiv.

Just nu sitter vi här, men vad vi gör sen beror faktiskt och till vår stora förtjusning, på molnen!

XCIII

Skuggan är ljusets viskning. Viskningen är röstens skugga.

Vi sitter i varsin skugga och nynnar över små vokaler till varandra, som smala båtar över vattnet,

våtmunslöften från mig till dig,

och dig till mig.

Själva är vi så mycket vatten att det är ett under att vi nånsin håller vad vi lovar.

Men för vad det är värt kan jag med handen på hjärtat säga: aaaAoOooiiii

eeee...

XCIV

Ett moln passerar över solen och en skugga drar längs stranden. Måsarna står stilla i luften som pappersdrakar.

Varje il blåser ner insekter på din hud, små svarta punkter. En efter en petar jag ihjäl dem.

Allt de är, en rörelse och inget mer, samlar sig som lite svart tjära på fingertoppen.

Det är så litet, så betydelselöst.

Inte en enda gång får det mig att tänka på döden.

XCV

Ljusmalarna krossas av smekningar,

som om de spunnits av vad som funnits närmast till hands, ett hårstrå och en bit gulnat tidningspapper,

som om de råkat bli levande, men egentligen inte har något emot att bli strå igen och smulat papper.

"Oj då, livet. Nåja..."

När mörkret kommer till malarna, bryts deras vingar sönder som torra löv, och sprids i det sista solljuset som skimrande bronskonfetti!

XCVI

Vissa fläktar kommer längre utifrån havet än andra. Ljuset blir något tunt som vi måste dra om oss i mängder. Som tyll.

Längs din ryggrad imiterar jag ömt påklädningens rörelser, knäpper med lätta fingrar alla knappar ända upp,

och på det sårbara stället just över lungan andas jag varm luft, tar sömlöst över efter vinden och blåser tills det går runt för mig.

När jag låter tankarna vandra blir min hand stilla på din kropp.

Du jämrar dig och bågnar mot handen som en buffande nos för att väcka den.

Och aldrig förstår vi varandra så väl som i dessa duetter av våpiga läten

och sömngångaraktiga mollmummel!

## XCVII

Nere vid vattnet plockar vi små tumstenar, svala som tår utanför täcket,

och bär dem försiktigt i munnen över den heta sanden, över högarna av urdruckna vattendroppar.

Varje våg skickar ett gnistregn genom prismorna, tills själva luften tar fyr med ett sprakande kring våra ögonfransar.

Det är vackert men många kisar ansträngt och packar ihop sina saker.

Och när alla ljusa sommarkläder är borta är det som om en skugga fallit över dynerna.

XCVIII

När molnet dragit förbi slätar vi ut vattnets vattring, sandens räfflor, hudens knottror.

Vi smular sönder grässtrån och krossar snäckskal som ett sätt att inte tänka.

Vi låter det bara spricka under tummen för att göra något litet ännu mindre.

Det finns sköra ting här men inget är ömtåligt, allt är saker vi kan röra vid med våta händer.

Det finns brutna skal i sanden, vita flisor, rester av gränser mellan varelse och värld.

Vi plockar upp dem och tittar på dem. Det är inte alltid uppenbart vilken sida som varit insida...

XCIX

Vi hittar dessa lämningar i sanden. Vad som än utspelade sig här har redan hänt. Det händer oss nu.

Vi ser på det, tar på det och smular till sist sönder det, för att få det att vara lite längre.

Små vita musselskal, blygsamma bidrag till den stora bländningen.

Du känner längs räfflorna, ytliga som fingeravtryck, skrapar på lek ett vitt märke i din bruna hud.

Musslorna är så små i sanden att vi glömmer att de är där, något att sakna bara när vi saknar allt annat också. Det minsta av allt som försvinner.

C

Längs stranden hittar vi dessa torra skal men inga levande musslor, skränande fåglar men inga solblekta brutna näbbar.

Musslor, jo, men det här är inte en plats där fåglar dör. ”Var dör fåglar?” frågar jag. Ditt svar: ”någon annanstans”.

Det susar smått i musslan, det susar stort av havet. Om musslan vore hundra meter hög, skulle det innebära något nytt i världen?

Det finns frågor som aldrig kan besvaras, det finns ekon som man byggt katedraler för att höra.

Jag slår två stenar mot varandra och njuter av ljudets kvadratiska gränser.

CI

När en sten spricker i min hand passar jag in halvorna och särar dem igen.

Ett tvåbitarspussel.

Jag tycker lika mycket om att skilja dem åt som att föra dem samman.

Lejonfärgad sand, musslig sten i okra, saltet på våra läppar och på stenarna, det torra dammvita inuti stenarna, svartslickat, sköra skal i sanden.

Under dagen samlar vi på allt detta. Vi binder ihop vrakdelar till något som bär.

Lite i taget lär vi oss att gå på vattnet!

CII

Vi tycker om att vara bland sånt vi inte kommer att sakna, sand och sten i sobra färger, färger vi gärna sover på.

Vi plockar matta glasbitar rundade av vattnet och lägger tillbaks dem igen när vi känt på dem, vackra och värdelösa.

Sena till deras stund av sårbarhet smeker vi tysta den smörknivssläta eggen,

för även vi sluter oss ibland när vi vill vara hela.

## CIII

Var gång vi ser efter noga hittar vi något som rör sig.

Med sina språng blir sandlopporna synliga. De gömmer sig för mig på min hud.

Du har inte sett något. Du ser mig sitta och slå mig på armen. "Åh, din lille jävel" hör du mig muttra.

CIV

En pytteliten insekt i sanden, knappt skild från mineralen med sin ryggsköld av glimmer, styr mot ljus med ett primitivt öga, bestämmer sig för ljuset då det finns mindre av det...

Bara ett litet kryp som piskar upp sand med sina bakben för att försvara sitt klena anspråk gentemot sanden.

Livet, rörelsen...

Några vingslag

och sen den stora frånvaro som följer även den kortaste stund i ljus.

Så litet är flyet, så kortlivat, att en lång blick fäster den djupare i oss än den egentligen finns i världen.

Jag ser dig ligga på mage och betrakta den, en matta av sand så långt jag ser.

Sand är det när kornen är för många att räkna, liv när livet är för stort att fatta.

CV

En humla står stilla i luften. Den letar på dig utan att hitta något.

Du ler inte för den har ju sin brännande sälgknoppsgråa stuss, men vägen är kort till ett leende.

Några mumlande ord faller mjukt till marken som de döda humlor upprymda barn hittar och vill begrava.

Medan de gräver i sanden glömmer barnen att gropen är åt humlorna och fortsätter tills de hittar vatten...

Så små sorger dunstar snabbt i solen. Tårarna kittlar på kinderna och lockar till skratt!

CVI

Vill du vara liten med mig?

Att vara liten hjälper. Alla vill hjälpa de små. Ett hav om du är varm, en sol om du är kall.

Om vi är små kan vi göra vad vi vill. Vi kan härma brummande humlor, leka små brännande gula solar i solen.

I den bländande solen.

I solen som gör det lättare att se med ett öga, att gissa vad andra tänker och att vara lycklig när något litet fattas!

CVII

Vi håller inte jämna steg med det vi ser.

Det som gror i oss växer långsammare än det som spirar omkring. Och än så länge har vi inget att säga…

Vi rör vid de späda stjälkarna, leende och tigande. Det frasar under våra fingrar.

Med en lupp bränner du hål i en torr stjälk. Den smala rökslingan sticker i näsan.

Det lagrade och djupt inlärda sprids som rök, öppnar upp famnen mot himlen, rår om ett alltmer famlande inre.

Återvänder till de stora modermolnen.

CVIII

Trädet nere vid vattnet,

dess gråa vridna stam.

Ser du vad jag ser?

En rökslinga!

Hundra år för en enda lycklig piruett!

CIX

Alla moln rör sig mot samma tomma, alltid tomma plats.

De färdas som vi följer dem med blicken, aldrig ända fram... Vi ligger på rygg och ser på molnen, blir vad vi formar medan vi känner efter vad vi är.

Och ju längre vi tittar desto mer på måfå drar vi cirkeln omkring oss i sanden.

CX

Vi kisar i det syrliga ljuset, lätta som luft.

Alla våra minnen ryms på våra ärmar broderade i guldtrådsstenografi.

Våra smeknamn är våra riktiga namn nu.

Och ljuset har ingenting att ha ont i utom dessa solgenomlysta groddar som du medlidsamt nyper av,

och de luftiga stråna som faller tillbaka när du samlar håret i nacken, och förgyller ljuset där och nästan gör ont att inte röra vid...

Ljuset flödar idag så man aldrig kan ana hur sällsynt det är.

"Stå så att jag inte ser solen", säger du till mig, "jag vill att du ska skymma en hel värld för mig".

CXI

Molnen leker gömme bakom varandra, som barn.

En ljus röst räknar ett, två, tre. Men är det tid som förflyter? Är det tid?

Små händer drar i våra, vill ha med oss i leken.

Åh, barn älskar att gömma sig. När man gömmer sig är det ju bättre att vara liten.

Men de är inte särskilt bra på det. Vi hör dem andas. Vi hör dem leva, lång väg.

CXII

Jag känner dig.

Om jag sa att detta är en dikt skulle du sätta dig upp, dra fingrarna genom hårtrasslet och bita färg i läpparna.

Så jag säger ingenting och det är bara ett ögonblick som passerar...

CXIII

Du räcker mig en frukt från det enda trädet, från din levande kropp.

Krasande syrliga skärvor lossnar från de små kloten som ligger så bra i handen.

Saften med smak av sött silver fyller munnen som en liten flickas milda svordomar.

Du sätter försiktigt din svidande äppelbränna mot min, och tillsammans faller vi övermogna till marken

där vi stannar, söndertrampade och doftande, och bruna som kanel i solen.

Och sedan?

Ja, sedan är det inte mer.

Jag ser inget som helst skäl att lägga till någonting om ormar!

CXIV

Ljuset rinner som kåda över oss.

Våra svarta insektsben fastnar som ögonfransar i klibbiga ögonlock när vi rullas in under den sega vätskan.

Mandibler och segment blir onaturligt vridna i en bärnstensgul besatthet

medan vi kapslas in i trädets läkande sår och går under i dess försök att hela sig...

CXV

Vi vänder oss bort från horisonten för att lära oss att se runt hörn.

Vi letar och gömmer oss på samma gång, jag i dina, du i mina, klyftor och vrår.

Snart välts vi på rygg av de svaga hudbävningarna

och låter oss villigt föras med av de knottrande rasen mot så många munnar, munnar, munnar!

CXVI

Mannens hand om din smala vrist blir ett barns hand om dina fylliga lår. Över din kropp färdas jag genom mitt liv...

En enda rörelse, så långsam jag kan göra den, och sedan har allt hänt.

Denna beröring, som lämnar fler spår på din hud än mitt liv gör i världen!

En rodnad flammar upp och lägger sig. Små eldar sjunker undan i dina pupiller av svartaste hornblände, och är borta.

## CXVII

Några moln, lite blått,
du och jag i sanden.

Så lite för att göra en himmel!

CXVIII

Målningen är klar, bara en sista linje kvar, den vita bryggan som smalnar ut över vattnet.

Handen darrar lätt. Den svaga handen måste stödja den starka.

Men sen finns den där och håller att gå på. Och efter sanden känns den fast under fötterna!

Bryggans vita räcken har svarta skuggor. Vi går på skuggorna utan att röra vid räcket.

Men den spruckna vita färgen är frestande.

Vi vill bryta loss de buktande flagorna och visa dem för varandra. Titta, vi befinner oss i en målning!

CXIX

Kanten på bryggan beskär våra skuggor, de flimrar över vecken på sandbotten medan vi rör oss. Mellan oss och våra skuggor djupnar det, men skuggorna kan andas under vatten.

Vi fortsätter utåt, mot det mörkare blå. Och ju längre ut desto närmare passerar fåglarna över våra huvuden.

Vi går ända ut. Vi kommer inte närmare det blå men blir mer ensamma om det.

Längst ut stannar vi så. Det vi inte kan närma oss mer får vi nöja oss att stå vända mot.

Vi lyfter ansiktet mot brisen, så mycket himmel och luft att vi håller andan.

Vi letar med blicken på havet innan vi får syn på – havet. Det gör oss lite rädda, lite storögda och andtrutna.

Vi kan inte se hela havet i en blick. Men det säger sig självt, om vi kunnat det vore det inte längre havet.

Vi måste alltid fattas något av det för att det ska vara vad det är.

CXX

Många har stått här och vilat händerna på räcket,

men värmen från deras kroppar är borta och ur slitaget går det inte att härleda en beröring.

Spåret är svagt, alltför mycket av det är regn, vind och sol.

Värld och människa har båda tärt på platsen och det går inte att skilja dem åt.

Som spår är de lika.

Men en människa kan alltid se vad en annan människa har rört vid och väntar gärna nära dessa ting.

CXXI

Mellan plankorna ser vi vattnet röra sig. Det skvalpar mot bryggpålarna.

En silvrig tanke glimmar till därnere och vänder sen i mörkret mörka sidan till.

Jag pekar på stimmet. Dina bröst blir fylligare när du lutar dig fram för att se.

Skuggan av vårtgårdarna under tyget mörknar som något som legat i vatten och svällt och blivit tungt.

Och som för att dölja en klåda vilar du brösten mot räcket, som ljumma påsar fulla av vatten och kittlande akvariefiskar!

Du speglar dig i fiskfjällens blänk, guldlågor rinner ner i vågdalarna,

och det svarta i ditt hår och dunklet under ytan kommer aldrig vara nog för att göra det ena till det andras skugga.

CXXII

Ådringen i träet liknar vattnets linjer,

liknar vågorna i ditt hår,

liknar din rösts toppar och dalar när du inte vill att någon ska höra, när du säger:

”skulle du öppna mig under vattnet, låta mig bedra dig med havet.

Skulle du sluta munnen om det vita frustande gurglande skummet, bälga i dig,

låta det växa i munnen som fradga, ta emot tills du storknar…”

Din röst stiger och sjunker, vågorna stiger och sjunker, träets ådring stiger och sjunker.

Och ditt hår blåser i vinden. Och ditt hår är linjerna i ditt ansikte, upplösta och vilda

och jag kan inte tyda dem längre om jag inte rör vid dem, så jag rör vid dem, på samma gång upplyst och förvirrad.

Och jag vet att detta är allt som finns, allt jag någonsin velat ha, hela livet - en fråga jag kan besvara och en fråga jag inte kan besvara.

CXXIII

Trappor leder ner i vattnet.

Med båda händerna om räcket tar vi oss varligt ner på trappsteg glatta av grönslick, mörknade, översköljda.

Vattnets vita katter gnuggar sig mot våra fötter tills de nyser av de främmande dofterna.

Vi bryter loss ett knippe porig vit korall från vågornas skumtoppar och börjar skrapa bort död hud.

Undertill är vi nya som ormar.

Varma och gnuggröda drar vi i vattnets trådar som i sömmar, löser upp och skakar ut det blå håret.

## CXXIV

En badboll landar som en örfil i vattnet utan att studsa. Den limmar sig vid vågen utan att rulla.

Vi väntar en stund men ingen hämtar den, som om den hamnat utanför leken och blivit osynlig.

Jag öppnar ventilen och luktar på den plastiga luften - kanske en mors utandningar - låter den strömma över mina tinningar som en unken vaggvisa.

Kanske är detta vår sång, en sång om ömhet som i sig är en ömhet, en kittlande ström mot din nacke, ett svagt visslande med läppar formade till ett o.

En skicklig improvisatör kunde göra mer av den, av ömhetens enkla melodi.

Men det är inte bra att vara alltför skicklig. Jag är hellre fumlig och visslar den en smula falskt efter dig!

## CXXV

Vattnet hittar vägar förbi. Inte titta! ropar du för att få mig att titta.

Dina bröst flyter, på nytt toppiga och tyngdlösa. Jag känner vattnets irrande, blänkande blick.

Jag vet att en sjö just nu släpps ned på en rasande brand någonstans, djur rusar ut ur skogen.

Jag tar din hand, blodet rusar. Forsar är tanklösa i sin brådska, ögonvitorna syns.

Mellan våra händer finns en film av vatten som döljer våra egna vätor.

Djuren vadar över där de känner igen sig, i den farliga likheten mellan vattnets och flockens brådska,

bakom dem flammar eldarna.

Min hand glider under den skummande ytan, allt det nyfödda förs hjälplöst med av strömmen.

Fradgande vrål sköljs ur mularna och skummar forsen. Råmandena driver oss att rädda oss själva, skenande kroppar som halvvägs över börjar trängas in i varandra.

Alla mitt livs ögon halkar förbi dina glatta stenar.

Sprudlande flod, susande blod, anemisk massaker i vatten!

Hela vägen ner till havet ser den ut att flyga fram, lyfta i sin ånga till himlen, liksom bärande sig själv.

Tänk om vi kunde leva så! Om vi kunde dö så, om sådana dödar kunde vara i livstider!

Men strunt i det nu! Låt skogsbränderna rasa! Kom så släcker vi oss i varandra igen, som fräsande glödloppor i pälsstinkande floder!

Låt mig drunkna en gång till! Låt andra sidan av alla floder sluta finnas till!

CXXVI

Vet du, vi har funnit så mycket av varandra på den här platsen att vi kanske försvinner lite när vi lämnar den,

som luftbubblor i glas, skapade och hejdade i flykten av samma kristalliska omfamning.

Å andra sidan, vad gör det? Låt det hända! Jag för min del tycker om det lilla pussljudet av bubblor som spricker!

Och så länge jag kan se våra blodnäveröda munnar när jag blundar, kommer jag ändå alltid att kunna lägga till vad som måste ha sagts.

CXXVII

Livet...

Vi går tillbaka.

Det är inte så långt som vi trodde.

När vi kan vägen.

När vi rör oss i rak linje över våra omvägar.